CÉRÉMONIE
Religieuse et Patriotique

MÉNIL-SUR-BELVITTE

(VOSGES)

4ᵉ Anniversaire : 27 Août 1918.

EN VENTE :

Chez M. le CURÉ de Ménil-sur-Belvitte (Vosges)

ET

A la Librairie Emmanuel VITTE, 3, place Bellecour, Lyon

PRIX : 1 fr. 25

CÉRÉMONIE

Religieuse et Patriotique

MÉNIL-SUR-BELVITTE

(VOSGES)

4ᵉ Anniversaire : 27 Août 1918

CÉRÉMONIE

RELIGIEUSE ET PATRIOTIQUE

C'est par un temps merveilleux et au milieu d'une nombreuse affluence que se déroula, le 27 août 1918, pour la quatrième fois, la cérémonie religieuse et patriotique évoquant le souvenir des combats d'août-septembre 1914.

La plaine, ondulée et panachée de nombreux bouquets d'arbres fruitiers, ne manque pas de pittoresque. Par la large route ombragée de Rambervillers à Baccarat, les sept kilomètres qui séparent Ménil de Rambervillers ne sont pas de taille à retenir les piétons.

Au sortir du bois d'Anglémont, dont les hautes futaies, éclaircies par les sapeurs, ont abrité nos poilus, des enclos plantés de croix aux cocardes tricolores invitent le passant à s'arrêter et à se souvenir.

On comprend aisément en avançant vers le village, ce qu'il a fallu de dévouement et de sacrifices pour tenir bon dans ces parages avant de refouler l'ennemi.

Des mains pieuses entretiennent constamment ces tombes glorieuses ; aujourd'hui, elles sont couvertes de gerbes de fleurs. Devant elles, on prie et l'on pleure, mais aussi le cœur chante un hymne de reconnaissance et d'espoir.

Après avoir rencontré des maisons effondrées et salué l'église martyre, dont la tour, veuve de ses cloches fondues par l'incendie, est restée en partie debout, puis visié le très sensationnel « Musée de la Bataille », instaillé par M. le Curé, l'abbé Collé, dans une salle du presbytère qui servait d'ambulance, on se rend au cimetière principal militaire qui avoisine le village pour la cérémonie qui doit avoir lieu à dix heures.

Un autel a été dressé au pied d'un très ancien et magnifique Calvaire (1623). Les drapeaux français et alliés flottent de toutes parts à l'intérieur et autour de l'enceinte de ce vaste champ d'honneur dont les noms appartiennent aux 38e, 86e, 139e, 149e, 157e, 158e, 159e régiments d'infanterie, au 61e bataillon de chasseurs à pied, ainsi qu'aux 5e et 6e régiments d'infanterie coloniale. Des mâts de sapins verdoyants accentuent la note champêtre.

Le cortège, parti du Musée de la Bataille, précédé de la croix, des bannières paroissiales et des drapeaux des villes, s'avance au chant du *De Profundis*, aux accents de marches funèbres exécutées par la musique du 265e d'infanterie.

M. le chanoine Lœuillet, curé-doyen de Rambervillers, préside, entouré de MM. Thiébaut, curé de Doncières, George, chanoine, administrateur du Padoux, Vançon, aumônier, Bédon, curé de Girecourt-sur-Durbion, Thiébaut, curé de Vomécourt, Didier-Laurent, curé de Ménarmont, Bédon, curé de Sercœur, Reck, curé de Bayecourt, et Louis, curé de Deneuvre-Baccarat.

M. le curé-archiprêtre de Gap officie avec, pour assistants, M. le curé de Nossoncourt et M. le chanoine Gauthey, mobilisé.

M. Barrès, le colonel Para, représentant M. le général de Castelnau, M. le général Bourquin, major supérieur des camps et cantonnements, représentant M. le général Gérard, de la VIIIe Armée, M. le commandant Paul Boncour, député, plusieurs officiers supérieurs, représentant MM. les généraux Blondin et Duport, un capitaine américain représentant le colonel, avec une forte délégation d'environ 150 officiers, sous-officiers et soldats, M. le pasteur Pannier, aumônier militaire, MM. Sadoul, conseiller à la Cour d'appel de Nancy, et Michaut, maire de Baccarat, MM. Moulhiade, maire du Puy, et Mathieu, délégué des maires de Saint-Etienne, Montbrison, Roanne, etc., viennent prendre place à droite et à gauche de l'autel après que les drapeaux se sont rangés en face.

La messe solennelle de *Requiem* est chantée admirablement par les jeunes filles de Ménil et de Sainte-Barbe. M. le curé de Ménil est à l'harmonium. La foule assiste à cette messe avec une piété visible. Chants et musique militaire alternent dans un accord parfait et le Saint Sacrifice s'achève dans l'ambiance de la communion des vivants avec les chers morts.

Avant la cérémonie de l'absoute donnée par M. le curé-doyen de Rambervillers, le prédicateur M. l'abbé Lefebvre, chevalier de la Légion d'honneur, avec Croix de guerre, palme et cinq étoiles, aumônier divisionnaire à la 77e qui se battait à Ménil, prononçait d'une voix sympathique et forte, l'allocution reproduite ci-dessous. Après l'absoute, MM. Mathieu et Moulhiade prononcent chacun un discours. M. Maurice Barrès, dans une allocution d'une simple et très chaleureuse éloquence, nous promit, autant qu'on peut le faire, que l'an prochain, à pareil anniversaire, on pourrait dire, sans réticence, sur la tombe de nos morts : « Grâce à vous, la France est sauvée ! » Il termina en disant un vibrant merci aux magnifiques soldats américains et au cri de : « Vive les armées de la France ! »

Après quelques mots de remerciements très impressionnants de M. le curé de Ménil, la cérémonie prit fin aux accents de la *Marseillaise*, comme midi sonnait.

(*Eclair de l'Est*.)

Allocution de M. l'Abbé Pierre LEFEBVRE

Aumônier de la 77ᵉ Division d'Infanterie

« *Mors absorpta est in Victoria.*
La mort s'évanouit dans la Victoire. »

Mon Général,
Messieurs,
Mes Frères,

Il y a un an, à pareille date, saluant en termes pleins de religieuse éloquence cette « terre sacrée », où reposent nos glorieux morts, le vénéré pasteur de ce patriotique diocèse s'écriait :
« La prochaine commémoration, si elle est quand même voilée de larmes, sera pourtant illuminée par le soleil de la victoire ». Des larmes ! Comment n'en verrions-nous pas couler, lorsque des mères, des épouses, des orphelins, des frères d'armes ou des amis, viennent se pencher sur les tombes de tous ces morts que M. le Curé de Ménil, dans son inlassable dévouement, ne cesse d'entourer de soins si charitables ; ces morts du 157ᵉ, du 159ᵉ que M. l'archiprêtre de Gap vient saluer au nom de leurs familles, ces morts de Saint-Etienne, du Puy, de Montbrison, de Roanne, que viennent saluer les dignes représentants de ces villes si maternelles, ces morts de Lyon, Barcelonnette, Nice, représentés ici par leurs nobles drapeaux, Briançon, Dijon, Grenoble, Chambéry.
Devant ces tombes, il y aura donc des larmes, mais, de même qu'après un violent orage, les dernières gouttes de pluie semblent se transformer en riantes perles sous

les premiers rayons du soleil ; de même, voyons-nous aujourd'hui briller, à travers vos larmes, la noble fierté, la douce espérance, la forte et joyeuse émotion nées de nos récents succès.

Et cette joie est d'autant plus vive que nous avons l'honneur de posséder parmi nous M. Maurice Barrès qui a si bien contribué à nos succès en se faisant depuis des années l'ardent apôtre des énergies françaises ; M. le général Bourquin, glorieux blessé, et M. le colonel Para, représentant M. le général de Castelnau, devant qui toute la France s'incline avec une respectueuse et confiante admiration. En saluant ces nobles chefs, c'est notre armée tout entière, ce sont nos armées que je salue avec allégresse, parce qu'elles marchent d'un pas résolu vers de nouvelles victoires.

Devant ces pleurs arrachés par le fidèle souvenir de nos morts, devant cette patriotique joie si justement provoquée par ces premières victoires, je ne puis retenir sur mes lèvres ces mots de nos Saints Livres : *Mors absorpta est in victoria* ». Sans doute la guerre a-t-elle accumulé les dévastations ; sans doute la mort a-t-elle creusé d'innombrables tombes ; quand nous voyons la vie qui se dégage, quand nous voyons tant de sacrifices naître de si beaux triomphes, n'avons-nous pas le droit de nous écrier avec l'apôtre : *Ubi est Mors victoria tua ?.. Mors absorpta est in victoria.* O Mort, tu croyais triompher de nous, mais non c'est toi qui disparais dans notre victoire !

La mort ! cette pensée se présente à vous en ce moment sous la forme de ces tombes ; en apparence, humbles petits tertres où gisent quelques ossements ; en réalité, grands et glorieux monuments d'où jaillissent pour des sources de vie.

Permettez-moi d'étendre un peu cette pensée de la mort et de vous la montrer, telle qu'ils l'ont vue et acceptée sur ces champs de bataille, nos héros de Ménil et de la Chipotte, de Sainte-Barbe et des Vosges ; telle qu'ils l'ont acceptée partout depuis quatre ans nos magnifiques soldats d'Alsace, de Champagne et d'Artois, nos vaillants de Nancy, de Verdun et de Reims, nos braves de l'Yser, de la Somme, ou de l'Aisne, nos vainqueurs de la Marne !

La mort ! Sans doute elle se présente parfois au soldat sous la forme de l'humble cimetière de village qui lui rappelle ses tombes familiales ; mais trop souvent, ce cimetière est en ruines, les tombes en sont éventrées ou même profanées. La mort, sans doute elle se présente encore au soldat quand il monte à la tranchée ou qu'il s'élance au combat, sous la forme du petit cimetière militaire abrité à l'orée d'un bois. Si l'homme se raidit pour saluer ces croix et présenter les armes, il n'en souffre pas moins de ne jamais voir là une mère, une épouse, déposant sur cette terre sacrée des fleurs, des larmes, des prières. Et il s'en va tout triste, jetant un regard inquiet sur ces fosses creusées d'avance où lui-même, peut-être, reposera demain, loin de tous ceux qu'il aime.

La mort ! Elle se présente surtout au soldat dans sa brutale réalité : il voit tomber auprès de lui son camarade et cet enfant, cet homme, il y a un instant si plein de jeunesse et de vie, il le contemple pâle et défiguré, le corps horriblement broyé, pauvre masse inerte et sans vie.

La mort ! elle se présente même à nous sous l'aspect terrifiant de ces débris qu'on retrouve après la bataille, attendant les pieuses mains qui le vont recueillir et inhumer. Pardonnez-moi d'évoquer ce spectacle ! et comme le dévoué curé de cette paroisse, comme les âmes charitables hâtons-nous de recouvrir d'un voile, puis d'honorer les lamentables restes de nos si belles et si pures victimes mais ensuite, avec tous ceux qui, chaque jour, contemplent cet affreux aspect de la mort, laissant pour un instant libre cours à notre sensibilité nous redirons ce mot si souvent entendu :

La mort du soldat, de cet homme jeune et vigoureux, quel effondrement ! quelle ruine !

Et cependant ces tristesses matérielles, ces ruines physiques ne sont qu'un aspect et certes l'aspect le moins pénible de la mort. Le soldat a vu ramasser les restes de son camarade, il a fraternellement présenté les armes sur sa tombe, il a soupiré peut-être, mais il n'a pas versé une larme. En achevant la cérémonie, l'aumônier d'une voix émue prononce ces quelques paroles : « Au nom de la famille absente, en union avec ceux qui le pleurent au foyer, récitons de tout cœur le *De Profundis* ». Et, voici que sur ces visages mâles et énergiques, de ces yeux qui ont regardé en face et sans broncher, les suprêmes sacrifices, voici que des pleurs jaillissent. C'est qu'au-delà de cette dépouille mortelle, le soldat entrevoit le foyer lointain, il voit là-bas une vieille mère, un vénérable père qui pleurent leur petit, leur consolation, leur gagne-pain ; là-bas il voit une jeune veuve entourée de petits orphelins, regardant l'avenir avec tristesse, avec effroi !

Et voilà ce que nous arrache avec des larmes ce cri de douloureuse pitié : « Pauvres familles, broyées sous les coups de la cruelle mort, pour vous aussi :

Quel effondrement ! Quelle ruine !

Comment oublier, en ce jour, cette autre famille qu'on appelle la Patrie, que nous appelons notre France ? Horriblement torturée dans son admirable corps par de sauvages agresseurs qui, non contents d'avoir envahi, pillé, saccagé ses riches provinces du Nord et de l'Est, vont encore par leurs obus et leurs bombes sacrilèges, essayer de la frapper au cœur ; indignement meurtrie dans son âme si belle, si noble, et si bonne, par des barbares qui s'acharnent contre ses joyaux les plus artistiques et ses plus religieux souvenirs ; broyée dans son cœur maternel par ces êtres inhumains qui inventent chaque jour les moyens les plus atroces pour massacrer sans pitié les meilleurs de ses enfants, torturée dans son corps, meurtrie dans son âme, la France, depuis quatre ans, semble une femme en deuil qui s'en va chaque jour de cimetière en cimetière, de tombe en tombe, pleurant partout... ses fils !

Devant cette mère épuisée par tant de larmes, par tant de sang, ne devons-nous pas redire comme devant cette famille en deuil, comme devant ce cadavre de soldat :

Quel effondrement ! quelle ruine !

Eh bien non ! mille fois non ! parce que nous sommes les fils de notre France, parce que nous avons derrière nous des lignées de Français, parce que nous sommes des chrétiens, nous dirons au contraire avec l'apôtre : « *Ubi est, Mors, victoria tua ?* »

O Mort ! tu crois avoir triomphé de nos soldats tombés au champ d'honneur ! de leurs familles éplorées, de notre France maternelle, eh bien, non ! O Mort, vois-tu tes victimes qui se dressent en ce jour triomphantes, tandis que toi, tu disparais dans leur victoire !

La première fois que ces paroles furent prononcées, elles s'appliquaient au Christ venu sur cette terre en libérateur, et remplissant au prix de sa vie sa divine mission.

Le visage couvert de sueur et de poussière, les épaules meurtries par le lourd fardeau de la croix, le corps déchiqueté par les fouets, les pieds et les mains percés par les clous, Notre-Seigneur avait subi sur le Calvaire la rude étreinte de la Mort. Et voici que s'élève un cri de triomphe : *Christus vincit*, et la Mort s'évanouit, tandis que le Christ apparaît vivant et glorieux. Son nom est redit, honoré, acclamé à travers les âges ; son âme par sa sublime et pure doctrine, par sa bienfaisante morale plane sur le monde qu'elle transforme. Lui-même, le glorieux ressuscité manifeste sa présence dans son Eglise, car Il a promis de ne pas nous laisser orphelins. Du tabernacle, véritable source de lumière, de force et de vie, il se répand dans les cœurs de ses disciples pour en faire à son exemple des Libérateurs, c'est-à-dire de nobles défenseurs de la Justice et du Droit ; des victimes peut-être, mais comme Lui, des victimes triomphantes.

Vaillantes mères et nobles épouses, vous les connaissez, ces libérateurs et ces victimes triomphantes, qui ont suivi les traces du Christ, en redisant avec Lui : « On ne peut mieux prouver son amour qu'en donnant sa vie pour ceux qu'on aime. »

Et nous les avons vus, le visage couvert de sueur, les épaules meurtries par tant de lourds fardeaux, les pieds ensanglantés par la marche, les mains déchirées par les ronces ; nous les avons vus le corps transpercé par les balles meurtrières ou déchiqueté par les obus.

Ces Libérateurs, nous les avons vus, lorsque pour la France et pour le Monde, en union avec le Christ, ils ont subi la rude étreinte de la Mort.

Et voici qu'aujourd'hui s'élève un cri de triomphe. C'est leur nom glorieux qui revit, épelé sur la petite croix blanche de leur tombe ; leur nom redit par des milliers de lèvres pieuses, leur nom clamé par les échos de nos patriotiques fêtes.

C'est leur âme qui plane, source d'idéal, de force et

de vie pour leurs compagnons d'armes, car tous s'inspirent encore de leurs leçons et de leurs exemples, comme je m'inspire chaque jour de ce souffle héroïque d'un alpin de vingt ans, tombé le 9 mai 1915, à deux mètres en avant de sa tranchée et me disant avec ivresse : « Je meurs content..., au moins je leur ai repris la longueur de mon corps. »

Si, en ces jours, leur nom revit dans la gloire, si à chaque instant leur âme fait vibrer nos âmes, demain, c'est leur être tout entier qui triomphera, c'est lui, c'est le soldat tel que nous l'avons connu et aimé qui, à l'appel et à la suite du Christ, sortira de la tombe. Comme le Libérateur divin nous les verrons d'autant plus resplendissants et glorieux qu'ils auront plus souffert, chacune de leurs blessures étant pour eux un nouveau rayon d'impérissable gloire.

Messieurs, haut les cœurs ! Elevons nos regards au-dessus de nos tombes, et les yeux fixés vers le Ciel, nous redirons avec allégresse : « *Mors absorpta est in victoria.* Gloire à nos héros qui ont vaincu l'oubli et la Mort. »

Vous me direz sans doute, c'est pour nous une douce consolation de savoir que par leur noble sacrifice nos chers morts ont mérité de vivre à jamais dans la gloire mais nous, leurs malheureux parents, n'avons-nous pas sans cesse devant les yeux ces vides affreux du foyer ; ne sommes-nous pas toujours les tristes victimes de la Mort.

Pardonnez-moi d'hésiter ici un instant, malgré votre respect profond pour le prêtre, malgré la confiance que vous accordez à celui qui bénit vos unions, veille sur vos foyers et guide vos enfants, peut-être serez-vous tentés de croire que, n'ayant pu connaître les angoisses maternelles et les horribles transes d'un cœur d'épouse, le prêtre ne peut apprécier comme il conviendrait les terribles ravages faits au foyer par la cruelle Mort.

— 13 —

Je donnerai donc ici la parole à d'autres voix autorisées. J'en appellerai à ces milliers de lettres écrites par des mères ou des épouses vraiment chrétiennes et Françaises. Ayant offert pieusement leur dur sacrifice à la France, elles me disent trouver dans leur foi religieuse et patriotique cette réconfortante certitude que ceux dont la place reste vide au foyer sont néanmoins près d'elles pour les consoler, les assister, les guider.

Que dis-je ? Ce n'est pas seulement dans ces lettres que je trouve cette affirmation. Elle sort de mille tombes, car nos héros eux-mêmes ont pris soin de nous fortifier contre la douleur en nous disant comment se perpétue leur présence au foyer dans la personne de leurs enfants ; comment eux-mêmes continueront à veiller efficacement sur nous, comment ils attendent avec confiance l'éternelle réunion dans le Ciel.

Il y a quelques semaines, sur les bords de la Marne, tombait à la tête de son bataillon d'infanterie alpine, l'officier le plus noble et le plus vaillant que j'ai rencontré au cours de cette guerre. Ecoutez ces lignes qu'il me confiait pour celle qui faisait depuis deux ans le bonheur de sa vie :

« Si vous pouviez mesurer la joie que j'ai eue quand vous m'avez donné un fils... C'est si grand d'être continué dans un petit être si chétif, mais qui est déjà une partie de nous-mêmes.

« Et puis, ne serai-je pas, *moi-même*, sans cesse auprès de vous ? Je vous guiderai, je vous aiderai à faire de ce cher petit un bon chrétien et un homme de devoir. »

Et après avoir tracé tout un sage plan d'éducation, notre héros ajoute :

« Je serai sans cesse à vos côtés, je vous le répète ; et vous sentirez mon appui comme si vraiment j'étais auprès de vous ! » Et, s'élevant plus haut encore, il écrit :

« La mort n'est qu'une courte séparation, et, votre tâche accomplie, vous viendrez me retrouver et nous serons éternellement heureux. »

La pauvre veuve me redisait hier encore combien souvent elle avait éprouvé déjà le doux bienfait de cette présence.

C'est que nous le savons, nous le croyons, nos morts du haut du ciel continuent à nous aimer ; ils nous aiment d'un amour d'autant plus fort qu'il est plus pur, d'une affection d'autant plus efficace qu'elle participe davantage de la charité divine.

Par nos prières et nos pieux sacrifices, efforçons-nous donc de hâter à nos chers morts l'accès du ciel; par la fidélité et notre souvenir affectueux maintenons alors avec eux notre intime union ; enfin, préparons par la dignité de notre vie notre heureuse et définitive réunion.

Nous comprendrons mieux alors la faillite de la Mort. Elle voulait briser des liens d'amour, elle n'a fait que les renforcer. Une fois encore, nous voyons la Mort s'évanouir dans le céleste et familial triomphe.

Il nous reste à contempler le triomphe de la France sur la Mort. Ici encore, il est facile de constater que si la Mort a fait de la France une mère couverte de longs voiles de deuil, même devant ces tombes, à la chaude brise de la victoire, cette France se redresse aujourd'hui plus belle, plus grande et plus forte que jamais.

La France se dresse plus belle de cette resplendissante beauté qui naît de la douleur et des sacrifices vaillamment supportés pour le triomphe d'une noble et juste cause.

La France se dresse plus grande... à la fois de cette grandeur morale faite de la ténacité, du courage et de l'héroïsme de ses enfants et de cette autre grandeur faite du retour tant désiré de nos provinces trop longtemps ravies.

La France se dresse aussi plus forte.

Plus forte, malgré tant de dévastations et tant de ruines, malgré ces informes débris de nos prospères industries et de nos riches cultures, malgré ces lamentables monceaux de pierres calcinées qui marquèrent l'emplacement de ces vénérables monuments, legs pieux de nos ancêtres. C'est que ces ruines, ces pierres crient vengeance vers le ciel et vers la terre, et, tandis que des terres lointaines nous accourent des millions de vengeurs, du ciel semble nous venir en ce jour l'appui de la Justice vengeresse.

Mais, direz-vous, la France est pourtant affaiblie par tant de sang versé !

Oublierez-vous que c'est aux jours de deuil que les enfants se groupent le mieux autour de leur mère, que plus elle souffre, plus ils lui témoignent leur amour ; plus elle est menacée, surtout dans son honneur, plus ils s'apprêtent à la défendre, même au prix de leur vie !

Oublierez-vous la sublime vertu du sang généreusement versé ! Si l'on a pu voir au temps des persécutions romaines le sang des martyrs devenir une semence de chrétiens, nous voyons maintenant le sang de nos martyrs germer dans nos cœurs en une riche moisson du plus pur patriotisme. Et c'est ainsi que le sang de nos héros a fait jusqu'ici notre France invincible comme c'est par nos morts que nous verrons bientôt la France victorieuse.

Je le crois et je l'affirme, parce que nos morts le savent et le proclament. Ecoutez ce héros de la Marne :

« C'est de la somme de tous ces sacrifices que sera fait le salut de la France. Heureux ceux qui le verront. Leurs deuils, leurs chagrins n'auront pas été vains : ils auront assuré la victoire. J'aurais tant voulu la voir ! mais je

m'en vais avec la certitude que Dieu nous la donnera. »
Cette inébranlable confiance elle est faite de la surnaturelle vision de nos morts chéris réunis dans le ciel.

La voyez-vous, l'imposante cohorte de nos héros de la grande guerre, groupés autour de la Bienheureuse Jeanne d'Arc au milieu de tous nos saints de France. Guidés par Marie, notre Reine, ils vont déposer devant le trône divin un lourd calice dans lequel les pieuses larmes des mères, des épouses, des orphelins se mêlent à tout le sang précieux versé pour la divine cause de la Justice. Entendez-vous s'élever leur clameur suppliante : « Dieu des Armées, par ce sang et par le sang du Christ, donnez-nous la victoire ! »

Que sur terre, votre voix fasse écho pour redire : « Donnez-nous la victoire », et bientôt la Mort et ses barbares pourvoyeurs s'évanouiront complètement dans leurs défaites, tandis que la France entière se dressera triomphante pour chanter le *Te Deum* de la victoire.

Discours de M. Louis MATHIEU

Délégué des Villes de Saint-Etienne, Montbrison et Roanne

Immédiatement après l'exécution de l'Hymne national américain, M. Mathieu prend le premier la parole.

Mon Colonel,

Si nous avons le regret de ne pas voir ici, comme l'année dernière, le général de Castelnau, nous lui sommes profondément reconnaissants d'avoir bien voulu vous déléguer pour le représenter.

Je me garderai bien, et votre illustre chef ne me le pardonnerait pas, de faire ici l'éloge du général de Castelnau; je n'ai point qualité pour cela; mais il me sera bien permis, sur cette terre que son génie, secondé par l'indomptable courage de nos soldats dont beaucoup, hélas! reposent devant nous, devant la tombe de ces incomparables héros, devant ces drapeaux emblèmes de la Patrie, frôlant de leurs plis tricolores la Croix emblème du sacrifice et de la rédemption, il me sera bien permis de m'incliner respectueusement devant le chef, devant le soldat auréolé de tant de gloire et de tant de deuils.

* * *

Monsieur Maurice Barrès, les familles et les populations que nous avons l'honneur de représenter ici vous sont reconnaissantes, à vous, le semeur d'énergies et d'espérances, l'écrivain au patriotisme toujours en éveil, de se joindre à nous pour honorer la mémoire de leurs soldats tombés pour défendre le sol natal contre l'envahisseur.

* * *

Monsieur le Curé, vous savez quelle reconnaissance vous ont vouée les innombrables familles à qui vos soins pieux ont permis de venir s'agenouiller sur les tombes de ceux qu'ils ont donnés à la Patrie.

A vous aussi, je me garderai bien d'adresser des éloges. Aussi bien la statue de la Vierge martyre d'Albert, Notre-Dame de Brébières, que la ville de Saint-Etienne m'avait l'année dernière, confié l'agréable mission de vous remettre comme faible témoignage de cette reconnaissance et que je vois figurer sur cet autel, vous rappellera sans cesse, mieux que je ne saurais le faire moi-même, la gratitude de ces familles éplorées.

Ne vous semble-t-il pas que cette Vierge sourit pour fêter la libération d'hier, par nos glorieux et généreux alliés d'Angleterre, des ruines du temple sur lequel elle élevait au ciel son divin fils dont, à cette heure, le front semble se nimber d'une auréole de gloire.

* * *

Habitants de Ménil-la-Bataille, et vous tous, Lorrains, qui entourez de tant de sollicitude et de soins pieux les tombes de nos héros, soyez aussi remerciés.

Lorsque, l'année dernière, à mon retour chez nous, d'une cérémonie pareille à la cérémonie d'aujourd'hui, et de ma visite dans cette commune et les communes voisines désormais illustres, je rendis compte dans une réunion pour moi mémorable, de ce que j'avais vu ici, des larmes de reconnaissance attendrie coulaient de bien des yeux.

*
* *

J'ai l'honneur de parler ici au nom des municipalités et des populations des villes de Saint-Etienne, de Roanne et de Montbrison, au nom aussi de l' « Union des Pères et des Mères dont les fils sont morts pour la Patrie », et c'est en leur nom que je suis ici pour honorer nos morts glorieux.

Déjà, l'année dernière, à pareille date, nous avions apporté ici les drapeaux par lesquels nos villes ont rendu un modeste, mais solennel hommage aux nobles et admirables victimes de l'odieuse agression allemande, dans quelques instants nous inclinerons à nouveau ces drapeaux sur leurs tombes glorieuses et nous déposerons pieusement sur elles des gerbes de fleurs nouées de rubans tricolores frappés aux armes de ces villes et qui seront les palmes du souvenir et de la reconnaissance.

L'année dernière sortaient de nos lèvres des paroles de confiance et d'espérance dans les destinées de la France immortelle. Aujourd'hui, que se lève plus radieuse que jamais l'aube de la Victoire, je voudrais que ma faible voix puisse dire à tous combien s'accroît et grandit chaque jour cette indéfectible confiance.

*
* *

Voyez accourir auprès de nous tous les peuples civilisés du monde groupés sous un même et admirable chef pour défendre le droit et la liberté du monde; voyez s'élever et grandir chaque jour l'ombre vengeresse de la jeune et puissante Amérique en armes ; écoutez la voix de son glorieux Président et dites-moi si jamais dans l'histoire de l'humanité de plus légitimes espoirs et de plus grands destins ont été promis à ceux qui luttent pour ce Droit et pour cette Liberté.

Dans son criminel aveuglement, l'impérial bandit qui a déchaîné cette guerre mondiale ne pouvait s'imaginer que le peuple américain aurait si grande hâte de venir se battre à nos côtés : qu'on se batte sans un intérêt matériel, sans espoir de butin, pour l'*idée*, Guillaume n'arrive pas à s'en persuader, lui qui croit à tant de choses, il ne croit pas au désintéressement ni à la noblesse morale.

Son réveil doit être terrible, son châtiment arrive inexorable, il approche : il est là.

Voyez les ailes de nos drapeaux frissonner au souffle de la Victoire prochaine.

~~~

Les œuvres de guerre que je dirige ont l'honneur insigne d'être les marraines de guerre de nombreuses troupes du XIIIe corps d'armée ; à ce titre, j'ai vu ces temps derniers et je vais revoir demain, nos soldats et principalement ceux du 16e, du 38e, du 86e, du 98e, du 105e régiments d'infanterie, dont tant des leurs dorment ici leur dernier sommeil ; j'ai parcouru les tranchées qu'occupent ces régiments, je suis descendu dans leurs abris, j'ai gravi leurs postes d'observation et je suis revenu d'au milieu d'eux empli d'une telle admiration que je ne saurais trouver des paroles pour la dire ; il me semblait que, là-bas, dans la fournaise, j'entendais sortir de leurs lèvres les paroles prophétiques de notre chant de guerre et de tocsin, la *Marseillaise* :

« Nous entrerons dans la carrière
« Quand nos aînés n'y seront plus ;
« Nous y trouverons leur poussière
« Et la trace de leurs vertus ;
« Bien moins jaloux de leur survivre
« Que de partager leur cercueil,
« Nous aurons le sublime orgueil
« De les venger ou de les suivre. »

Et ils les ont vengés, leurs admirables successeurs, nous avons vu en quelques jours tous ces régiments d'infanterie que je viens de nommer, accrocher à leur drapeau la Croix de guerre et la fourragère.

Je recevais hier une lettre du colonel Augier, commandant un de ces régiments, le 38e qui, sachant que je venais ici, me priait d'associer son glorieux régiment à l'hommage que nous rendons aujourd'hui à nos morts, et je m'acquitte avec émotion de cette pieuse mission.

* *

Oh ! nos héros qui dormez ici, vos âmes immortelles accompagnent vos vengeurs.

Vous, soldats que nous honorons tout particulièrement aujourd'hui, enfants du Forez, du Velay, de l'Auvergne, dignes descendants de Vercingétorix et du chevalier d'Assas, couchés dans votre gloire, soyez à jamais bénis.

* *

Mais je ne veux pas que d'aucuns puissent croire que parlant au nom de mes mandants, mes hommages soient exclusivement réservés aux morts de la 13ᵉ région militaire.

Non ! nous ne séparons pas dans nos cœurs ceux qui sont morts pour les mêmes Patries. D'où qu'ils soient venus, des bords fleuris de la Méditerranée, des âpres montagnes des Alpes ou des Pyrénées, des plaines fécondes de la Normandie, des landes de Bretagne, ou surtout des provinces que souille encore la botte allemande; qu'ils soient fils de France, de Belgique, d'Angleterre, d'Italie, d'Amérique ou d'ailleurs, il suffit qu'ils aient combattu sous le même étendard pour avoir droit aux mêmes hommages reconnaissants et à notre immortel souvenir.

Aussi bien, non loin d'ici, à Bathelémont, n'était-ce pas hier que se commémorait la mort et le sacrifice des trois premiers soldats américains tombés sur le sol français qu'ils venaient défendre en même temps qu'ils défendaient la Liberté et la Civilisation ?

* *
*

Que de gloire ! que de deuils et que de larmes ! mais:

« Il fallait cette épreuve à nous tous pour montrer
« Qu'un seul et même cœur battait dans nos poitrines.
« Recommençons la vie et cessons de pleurer,
« L'avenir nous promet la fin des sacrifices,
« Nos temples sont détruits, nous les reconstruirons,
« Plus sacrés et plus beaux, fiers de leurs cicatrices,
« Et du haut des clochers, rendus aux carillons,
« Il semble que j'entends, sourde comme une plainte,
« La voix de la Justice immanente qui tinte. »

Et qui oserait, à cette heure, où la mort de nos soldats, la terre française meurtrie, les atrocités allemandes crient vengeance, qui oserait, à cette heure, parler de la paix allemande? nous la connaissons cette paix !

La Russie s'y est laissé prendre :

Le traité de Brest-Litowsk qui déshonore encore plus le vainqueur que le vaincu est d'hier !

Ce serait trahir nos morts que d'arrêter un seul instant notre esprit sur cette monstrueuse impossibilité.

Non ! à cette heure, la France gouvernée, nos armées françaises et alliées commandées, nous interdisent le moindre doute. L'unité qui règne dans le Pays règne aussi dans la coalition de l'Entente.

Un homme s'est levé qui a sauvé la France, un général s'est rencontré qui a dompté la victoire !

L'année dernière, à cette place nous disions que viendrait bientôt le jour où, après les chants de deuil nous entonnerions le *Te Deum* libérateur.

Ce jour, nous en voyons l'aurore !

L. M.

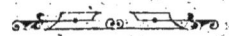

Discours de M. Henri MOULHIADE

Devant ces tombes notre tristesse est dominée par un sentiment de reconnaissance et de fierté ; c'est que les braves qui reposent en ce coin de terre, de tout jeunes hommes hier encore pleins de force et souriant à la vie, se sont immolés pour que la France dure. Gloire à eux !
Gloire à vous !

Beaux et forts, tous, aimant l'honneur et le courage,
Et ne tremblant de peur devant un vain cercueil,
Tout comme d'anciens preux s'immolant par orgueil,
La gloire vous moissonne au printemps de votre âge !

C'est qu'il fallait mourir pour défendre la France,
Son sol, ses droits sacrés, sa sainte Liberté ;
Tout l'effort de la race et sa rude vaillance
En vous cristallisés, vous avez tout donné !

Soyez fiers, vous par qui notre tâche s'assure,
L'air et le sol français boiront tout votre sang,
Et vos rêves altiers, féconde nourriture,
Peupleront les cités d'où vous serez absents !

Gloire à vous ! Gloire à vous, tous nos fils et nos frères,
Fronts voilés d'ombre et prêts pour d'éclatants renoms,
Laissez-nous effeuiller, quand nous nous retrouvons,
L'offrande à vos chevets de roses funéraires !

Laissez-nous effeuiller, enfants, de pâles fleurs,
Parures de triomphe et fragiles jonchées,
Les fleurs du souvenir sur vos têtes fauchées,
Humbles fleurs, doux présent que vous offrent nos cœurs !

Beaux guerriers, fils de cette France généreuse qui donne au monde de si magnifiques leçons de force et de respect, gloire à vous !

Vous avez été l'enthousiasme devant le devoir, l'indignation devant l'iniquité ; c'est votre sacrifice qui a préparé la victoire prochaine de nos armes !

Terre sacrée des Vosges, sois douce à nos enfants, veille sur nos morts en attendant qu'ils viennent dormir chez nous !

Et vous, prêtre éminent, si justement appelé « le Sauveur de nos fils », cher Monsieur l'Abbé Collé, qui avez exhumé et identifié tous nos héros pour que les familles viennent prier sur leurs tombes, que Dieu vous récompense de vos magnifiques vertus !

Au nom de la Ville du Puy et du département de la Haute-Loire, je vous adresse notre admiration et l'hommage de notre profonde gratitude.

Henri MOULHIADE.

Remerciements de M. le Curé de Ménil

Au Foyer du Soldat, mis gracieusement à sa disposition et décoré avec un goût remarquable, M. le Curé avait dressé cinquante couverts. C'est là que, vers la fin du modeste repas, avant le concert musical donné par le 265e rég. d'infanterie, il prit la parole en ces termes :

MESSIEURS,

Voici revenus, pour la quatrième fois, les temps anniversaires des temps affreux et magnifiques de 1914. Notre douleur qui se recueille toute l'année pour penser aux soldats qui tombent toujours au service de la France, aime à se rappeler dans ces semaines d'août-septembre, la façon dont sont tombés ceux de chez nous.

Pour la quatrième fois, à l'appel d'un humble curé qui a juré de conserver en lui et d'exalter autour de lui le souvenir du passé glorieux, des milliers de Français s'émeuvent ; la tristesse recueillie devient alors de l'enthousiasme, les larmes des sanglots. De toutes les régions de la France, on se lève, et, douloureux pèlerins, parcourant nos plaines et nos coteaux, on va, guidés par les milliers de voix montant de la terre, on va, selon les croix dont les routes sont jalonnées et les champs plantés. Pourquoi cette exaltation ? C'est que nos morts de 1914 ont été dignes de ceux des années suivantes, et nous devons les remercier de nous avoir montré que l'homme pouvait être si brave, si noble, si sublime, si désintéressé, que l'humanité pouvait être si resplendissante de courage et de vertu.

Et vous êtes revenus, Messieurs, vous incliner encore et toujours dans l'admiration de ces Fils de France qui, de concert avec Dieu, ont accompli le miracle d'être plus forts qu'un ennemi plus fort qu'eux, et, faisant de leurs tombeaux une frontière, de rendre la France envahie plus large qu'autrefois. Vous reviendrez sans cesse, Messieurs, vous pencher avec nous sur ces tombes pour entendre les consignes des morts et pour y calquer dans nos vies leurs sublimes vertus.

Pour enflammer nos légitimes espoirs dans le triomphe prochain de notre sainte cause, je me permets d'envoyer le tribut de notre plus ardente admiration et de notre plus profonde reconnaissance aux Armées de la Civilisation qui, chaque jour, vengent nos morts et délivrent notre terre de France.

Je n'ai pas, cette année, le grand honneur de saluer le Pontife aimé de notre Diocèse. Sa Grandeur a bien voulu m'écrire qu'Elle nous suivrait de grand cœur, le 27. Nous faisons des vœux pour que l'an prochain s'envole de ses lèvres sur nos tombes et vers le ciel, après le *Libera* du deuil, le *Te Deum* de la délivrance !

Monsieur le Curé de Rambervillers, pasteur vénéré d'une ville héroïque depuis 1870, et qui a failli subir le sort cruel de tant d'autres, Dieu vous a épargné le déluge de feu et de sang, mais il vous a demandé un douloureux sacrifice. Sur ce champ de bataille, le 25 août 1914, à la tête de sa section, tombait un neveu aussi intelligent que bon. Avec vous et les vôtres, nous prions, nous pleurons.

Monsieur l'Archiprêtre de Gap, qui êtes venu prier sur les tombes si nombreuses, hélas ! de vos vaillants camarades et paroissiens, soyez remercié au nom des familles des officiers, sous-officiers et soldats des 157e et 159e régiments d'infanterie. Vous pourrez dire là-bas, ce que vous aurez vu, entendu ; et, quand sonnera l'heure de la victoire, vous prendrez la tête du pèlerinage aux tombeaux des saints ; avec vous, les endeuillés graviront plus fièrement leur calvaire.

En vous priant de nous porter la parole, Monsieur l'Aumônier, j'étais sûr de votre plein succès. Vos chefs, unanimes à exalter sans réserve vos vertus sacerdotales et guerrières, ont droit à notre vive reconnaissance. Ceux dont vous avez chanté l'héroïsme et auréolé le sacrifice eussent été heureux de vous applaudir comme je le suis moi-même de vous remercier.

Au risque d'encourir des reproches, je dirai deux mots d'une famille dont la modestie dans ses gestes n'a d'égale que sa dignité dans ses deuils. J'ai nommé la famille Adrien Michaut, de Baccarat.

Cette année, la plupart des villes du XIVe corps d'armée nous font savoir qu'elles communient avec nous dans la pieuse pensée du Souvenir.

Les villes du Puy-en-Velay, de Saint-Etienne, de Montbrison, de Roanne sont officiellement représentées : la ville du Puy, par M. le Maire, le distingué poète que je suis heureux de saluer au nom des fils de la Haute-Loire tombés à Ménil et dans la région ; les autres cités, par mon grand ami, Louis Mathieu, sur qui nous pouvons toujours compter. Vous direz là-bas, Messieurs, que nos tombes sont belles, qu'elles deviendront toujours plus belles ; elles ne font que germer. Etant séculaires, ces fleurs héroïques sont lentes à s'épanouir.

Illustre compatriote et ami, Monsieur Barrès, qui apportez fidèlement à nos cérémonies tout l'éclat de votre nom et de votre parole académique, que puis-je bien vous dire qui ne soit connu de tous? Chevalier sans peur et sans reproche, à la tête de toutes les grandes et nobles causes, vous rendez à la Patrie les plus signalés services.

Vous avez su, le premier, lire au fond des crevasses... Claironnant chaque jour au front comme à l'arrière les mots qui portent et qui sauvent, vous avez acquis depuis longtemps, des droits immortels à la reconnaissance des peuples civilisés. Votre nom qui sonne avec celui de Déroulède, ceux de Foch, de Castelnau et tant d'autres, la fanfare des revanches est un drapeau, et ce drapeau abrite nos gloires les plus pures, nos plus saintes libertés. Merci, illustre ami, au nom de tous ceux qui vous admirent ! Merci au nom des familles de mes chers morts!

Messieurs, je m'arrête. Puisque nous avons le même cri d'amour pour la Patrie et le même cri d'admiration pour nos héros, nous ferons, n'est-ce pas, chaque année, de plus en plus et de mieux en mieux, donnant tout leur sens et tout leur éclat à ces paroles d'un de nos grands évêques : « Gloire à Dieu qui a sauvé la France ! Gloire immortelle ici-bas, et là-haut à ceux qui sont morts pour Elle ! »

A. C.

Toast de M. Louis MATHIEU

M. Maurice Barrès venait de terminer son toast et M. l'abbé Collé, ému des éloges que lui avait décernés M. Barrès, disait : « Je suis confus de ces éloges, et j'espère que c'en est fini pour aujourd'hui. »

M. Louis Mathieu, délégué des villes de Saint-Etienne, Roanne et Montbrison, s'est levé à son tour :

« Non, ce n'est pas fini, Monsieur le Curé, et je me vois, quelque chagrin que cela puisse vous causer, obligé de vous dire ici, en petit comité ce que je n'ai pu vous dire au cours des magnifiques cérémonies qui viennent de se dérouler sur les tombes de nos soldats.

« Il faut avoir entendu, comme je l'ai fait et comme je ne cesse de le faire, les innombrables familles qui vous doivent de savoir où reposent ceux qu'ils ont donnés à la France pour savoir le tribut de reconnaissance qui s'élève vers vous, et ce qu'il y a d'admirable c'est que vous ne semblez pas vous en douter.

« Mais moi, qui vous ai vu à l'œuvre, moi qui sais, pour y avoir assisté, quelles difficultés vous avez éprouvées au cours de ces opérations d'identification, quels dangers même auxquels vous vous êtes exposé volontairement, les vexations auxquelles vous avez été en butte, je vous le dis en toute sincérité vous avez fait une œuvre admirable et devant laquelle chacun doit s'incliner.

« Au surplus il semble que sur cette terre de Lorraine le patriotisme et le dévouement éclosent merveilleusement. A côté d'ici, à Baccarat vous avez eu des émules, Mme et M. Michaud, maire, Mme et M. Husson, de simples ouvriers, ont comme vous mérité la pieuse reconnaissance de nombreuses familles.

« Et, dans toutes les communes que j'ai parcourues au cours de mes précédents voyages, j'ai vu avec quelle piété les populations lorraines conservaient le précieux dépôt que nous leur avons confié.

« Et c'est de tout cela qu'est faite notre admiration.

« Je lève mon verre, Monsieur le Curé, à votre santé, je le lève en l'honneur de vos généreux paroissiens et je leur donne rendez-vous au jour prochain de la Victoire, dans votre église alors reconstruite, et abritant les drapeaux de nos provinces qui ornent cette salle, pour chanter le *Te Deum* de la libération. »

Toast de M. le Chanoine BERNARD.

Messieurs,

Il y a quatorze stations au Chemin de croix : M. l'abbé Collé n'en est encore qu'à la treizième; puisque c'est pour lui gravir un calvaire que d'entendre son éloge tomber des lèvres si autorisées qui viennent de s'ouvrir dans cette enceinte, et en particulier des lèvres de son grand ami, l'illustre Lorrain, M. Maurice Barrès, j'estime qu'il est de mon devoir à moi, prêtre des Alpes, venu de ces régions lointaines dont tant de fils dorment ici leur dernier sommeil, de conduire mon vénéré confrère jusqu'au terme de cette voie douloureuse et de lui faire gravir la quatorzième station.

C'est que, Messieurs, mon humble voix doit être ici, auprès du prêtre vaillant qui a si bien mérité et de la France et des mères françaises, l'expression d'une immense reconnaissance. Son œuvre de piété humaine, de piété patriotique, de piété sacerdotale et chrétienne est de celles que toutes les lèvres doivent bénir.

Si en effet sur ces humbles croix devant lesquelles nous nous inclinerons tout à l'heure, si sur ces humbles croix, symbole immortel des immortelles espérances que décorent nos trois couleurs, comme si la Patrie des plis de sa robe de lis, de pourpre et d'azur voulait à jamais envelopper les restes des héros morts pour sa liberté et pour sa gloire, si sur ces humbles croix, plus glorieuses que les monstrueuses statues des idoles d'un jour d'outre-Rhin, nous pouvons lire un nom qui doit rester immortel, si, côte à côte, dans ces enceintes sacrées que des mains pieuses ornent chaque année des fleurs du souvenir, nos braves dorment fraternellement leur dernier sommeil en attendant le réveil de gloire ; si ces restes de nos soldats sont préservés de cette seconde mort plus douloureuse, qui est celle de l'ignorance et de l'oubli, c'est à vous, pour une très large part, Monsieur le Curé, que le doivent les fils de nos Alpes, les fils de notre Dauphiné, les fils du Velay, du Forez, et tant d'autres.

Dans cette œuvre, accomplie souvent sous le sifflement des balles, et le sinistre hurlement des obus, rien n'a rebuté vos mains, rien n'a lassé votre cœur. Vous avez disputé à la poussière envahissante du temps ces restes sacrés. Vous avez remué pieusement ces ossements comme pour leur donner une nouvelle forme, un nouveau nom, une nouvelle vie. Nos héros tombés dans ces sillons des Vosges, dans vos plaines et dans vos grands bois, où chaque génération française semble devoir laisser d'innombrables tombes pour que la France vive et que son sol soit respecté, nos héros, nos fils, nos frères, vous les avez bercés dans la mort comme jadis leur mère à leur entrée dans la vie. Et voilà pourquoi tant de pères et tant de mères, de filles et d'épouses vous sont reconnaissants, parce qu'ils savent que si les leurs sont tombés loin d'eux pour la France, du moins ils ont trouvé un prêtre pour les assister à l'heure du dernier sacrifice, pour leur ouvrir le ciel et pour leur donner ici-bas une tombe à l'abri des profanations et du mortel oubli.

Excusez-moi donc, Monsieur le Curé, si mon humble voix se fait entendre dans cette enceinte où sont rassemblées tant de gloires, où les chefs invincibles de nos armées bientôt pleinement victorieuses sont venus apporter à nos morts et à celui qui s'est fait leur père et leur gardien, le tribut de leur admiration, où les Lettres et le Patriotisme ont un si éminent représentant dans l'illustre académicien qui s'honore de votre amitié aussi bien qu'Il vous honore de la sienne, excusez-moi, dis-je, si mon humble voix s'est fait entendre. Mais comme curé de la paroisse d'où sont partis un grand nombre de ces braves tombés pour la défense de votre frontière, qui est aussi notre frontière, car tout est commun dans la grande Patrie, comme représentant de ces multitudes de pères et de mères, de frères et d'épouses qui ne peuvent que par la pensée venir prier sur ces tombes sacrées, comme mobilisé moi-même aux premiers jours de l'invasion sans excuse, dans ce beau régiment du 157e d'infanterie qui compte ici tant de héros ensevelis, je ne pouvais m'empêcher de vous dire, cher et excellent Monsieur le Curé, que si nos Alpes sont bien loin des Vosges par la distance, elles sont bien près de vous par la reconnaissance et par le cœur.

A. BERNARD.

Toast de M. l'Abbé LEFEBVRE, aumônier.

Monsieur le Curé, après les quatorze stations du Chemin de la Croix, il y a... la Résurrection !

Et n'est-ce pas aujourd'hui, un jour de fête et de triomphe, prélude de la Résurrection française?

Vous me permettrez donc d'ajouter un petit mot au nom de nos chers combattants qui, après avoir connu les sacrifices de la Semaine Sainte, seront demain les artisans du triomphe.

Par mes lèvres, ils vous adressent un chaleureux merci!

Merci à Monsieur l'abbé Collé qui, après avoir sauvé la vie à tant de soldats, après avoir soigné tant de pauvres blessés, ne cesse de se dévouer à cette tâche si charitable mais si pénible d'identifier nos morts et de leur donner une digne sépulture, de veiller sur leurs tombes comme le ferait la plus tendre des mères.

Merci à Messieurs les délégués qui viennent au nom des villes lointaines montrer qu'à l'exemple de la France maternelle les petites patries sont pleines d'une douce sollicitude pour ceux qui les honorent si bien par leur glorieuse mort.

Merci à Monsieur Maurice Barrès qui, par toute la France, et en particulier dans notre chère Lorraine, a si bien fait comprendre le devoir sacré d'honorer nos morts et de les glorifier.

Merci aux représentants de l'Armée, merci à tous ceux qui ont contribué à faire de cette fête anniversaire une véritable apothéose de nos glorieuses victimes!

Que ne puis-je mettre dans ce « Merci » toute l'éloquence qu'il a, lorsqu'il tombe des lèvres de nos chers combattants, ou plutôt lorsqu'il s'échappe de leur cœur! Savoir qu'en attendant le jour de la glorieuse résurrection, son corps sera entouré de respect, de vénération; que de pieuses mains remplaceront des mains maternelles pour fleurir sa tombe..., que, s'il repose loin du foyer, il repose près d'une autre famille qui l'a adopté comme un fils parce qu'il est mort en défendant son clocher, son sol natal et ses demeures familiales !!! c'est pour le soldat une source de force et de courage.

Continuez donc à donner à nos chers soldats ce précieux réconfort qui leur permettra d'achever l'œuvre de nos chers morts en nous donnant bientôt la Victoire.

VISITES AUX CIMETIÈRES

avec la Musique et les Drapeaux

Vers 2 h. ½, le cortège s'organise et la musique l'entraîne vers trois cimetières militaires.

Sur le premier, c'est M. Barrès qui salue les « Grands Morts ». On remarque à ses côtés M. le général Bourquin, M. le commandant Boncour et des officiers américains.

Sur le Cimetière Sud-Ouest

M. l'abbé Lefebvre prend la parole :

Sur ces tombes où reposent plusieurs héros de la 77e division, permettez-moi de m'acquitter d'une pieuse mission. En me voyant partir, le général, les officiers, les soldats m'ont dit : « Nous voudrions, nous aussi, aller saluer les tombes de nos camarades, réconforter leurs familles, remercier tous ceux qui les honorent.

Puisque notre place est ici, face à l'ennemi, remplacez-nous. Mais surtout, dites à nos morts que nous leur sommes fidèles par le souvenir et que nous vivons toujours de leurs exemples, que nous sommes et resterons dignes d'eux, dignes du général Barbot, et dignes de la France.

Dites-leur que s'ils sont tombés en barrant à l'ennemi la route des Vosges, nous avons arrêté l'ennemi à Arras, à Verdun, au Plémont.

Dites-leur que s'ils sont morts en contribuant à la première victoire de la Marne, nous avons connu de beaux succès en Artois, dans la Somme, au Chemin-des-Dames, et que plus récemment encore nous avons contribué à la deuxième victoire de la Marne.

Mais pourquoi ne leur parler que de nous, pourquoi ne vous adresser qu'à eux ?

Dites à tous nos morts que comme eux, tous les fils de France, d'un seul cœur et d'une seule âme travaillent avec ardeur au triomphe de la Patrie.

Dites-leur que l'ennemi faiblit, recule, se désagrège, tandis que nous nous dressons devant lui plus forts, plus ardents et déjà victorieux. Il reste encore beaucoup à faire, mais nous le ferons.

En attendant que Dieu nous donne la victoire définitive, bercez leur doux et glorieux sommeil de notre immortelle clameur : « Gloire à ceux qui sont morts pour qu'à jamais vive la France. » Ainsi soit-il.

Allocution prononcée le 27 août 1918, par M. le curé de Gap

sur les tombes de plus de 200 Alpins du 157e et du 159e

MESDAMES,
MESSIEURS,

Souvenons-nous, puisque la cause de la Justice et du Droit demandent des martyrs, souvenons-nous que la cendre de nos héros est une cendre glorieuse, que leur tombe est le reliquaire sacré de la Patrie, et que si un peuple laissait croître les ronces de l'oubli sur ces tertres augustes, ce peuple ne mériterait plus de porter un nom dans l'histoire. Jetons donc à pleines mains les fleurs sur ces tombes, et que, par nos soins pieux, les lauriers fleurissent toujours au-dessus de ces nobles fronts qui reposent dans l'attente de l'éternel réveil.

Souvenons-nous surtout que l'âme de nos héros est immortelle et que nous devons la suivre par la prière dans le sein de Dieu. Si la Patrie a pour ses fils des lauriers et des larmes, des chants de triomphe et des chants de deuil, quand cette patrie est la France, la France, toute imprégnée de sève chrétienne, la France qui, sur chacune de ses collines comme dans chacune de ses vallées, a élevé un autel à ce Christ, Fils de Dieu, qui s'est présenté au monde comme l'incarnation la plus sublime du dévouement et du sacrifice, quand cette Patrie, dis-je, est la France, elle a pour ses héros tombés dans les combats quelque chose de plus précieux qu'un laurier, quelque chose de plus doux et de plus apaisant qu'une larme, elle a une prière qui va porter aux morts dans le sein du mystère éternel le souvenir reconnaissant de leurs frères et qui, passant par le calice rempli du sang divin redescend sur eux comme le gage du pardon, de la lumière et de la paix.

Ah ! Messieurs, ne laissons pas arracher de nos cœurs cette croyance à l'immortalité, car alors il y aurait des larmes trop amères dans les yeux des mères et des épouses, des frères et des orphelins, car leur calvaire serait trop dur s'il n'était couronné des lueurs éternelles ! Si tout l'homme était vraiment là dans ces quelques débris informes ensevelis à la hâte ou projetés par l'explosion terrible aux quatre vents du ciel sans qu'il soit permis à la main la plus pieuse de réunir ces restes, à l'œil le plus clairvoyant de reconnaître ce qui fut l'objet de notre amour ; si l'âme de nos héros disparus ne devait pas entendre nos chants de prochain triomphe et l'hosanna que nous entonnerons en leur honneur ; si tant de dévouements et de sacrifices ne devaient pas trouver là-haut une éternelle récompense ; si, en un mot, au-dessus de ce déluge de sang qui inonde notre vieille Europe ne flottait pas comme une arche sacrée l'immortelle espérance de l'immortelle résurrection et de l'immortel revoir. Oh ! c'est alors que l'horreur et la nuit seraient reines du monde et que l'humanité sans étoile n'aurait plus qu'à se précipiter elle-même dans cet épouvantable néant !

Mais non, Messieurs, tout ici proteste contre cette nuit éternelle, et les chants de l'Église près des cercueils sont des chants d'espérance et non des chants d'adieu. Écoutez ces suaves paroles qu'elle fait descendre sur les tombes, semblables au rythme de la mère près du berceau où, en attendant l'aube prochaine, elle endort son amour : « *Requiem æternam dona eis Domine, et lux perpetua luceat eis !* Seigneur, à ceux qui ont combattu le bon combat, donnez dans vos saintes demeures la paix et le repos éternel. Dieu de toute beauté et de toute gloire, que la lumière qui jaillit de votre face comme de sa source sacrée brille à jamais pour ces âmes qui sont allées à vous dans l'accomplissement d'un austère devoir ! »

Et vous, ô morts, frères que nous ne cesserons d'aimer, dormez, dormez en paix ! La France entière avec ses drapeaux, avec ses palmes et ses fleurs, avec la croix de son Dieu d'où descendent le pardon et l'espérance, la France entière monte près de vous une garde fidèle.

Acteurs sublimes du plus grand drame qui se soit déroulé ici-bas, ne regrettez ni votre sang répandu, ni votre jeunesse immolée, ni vos amours et vos espérances offertes en holocauste au plus noble devoir, car vous n'êtes point morts pour des ingrats. Nous nous souviendrons. Tant que la Patrie sera la Patrie, elle aura une pierre pour garder vos noms immortels ; tant que la France sera la France, elle aura pour votre tombe une fleur, pour votre âme une prière !

A. BERNARD,
Chanoine titulaire, Curé de la cathédrale de Gap.

DOCUMENTS DIVERS

De M. MOULHIADE

Le Puy, le 16 septembre 1918.

Cher Monsieur l'Abbé,

Je tiens à vous exprimer mes remerciements pour les attentions délicates dont j'ai été l'objet les journées des 26 et 27 août, dans votre habitation du Ménil. Je garderai de cette courte mais émouvante rencontre un précieux souvenir...

L'âme du poète est allée avec vous, s'enivrer sur les tombes, de solitude et de tristesse.

Notre contact, si bref qu'il ait été, m'a permis de reconnaître et d'apprécier vos exceptionnelles qualités de cœur.

Comme je vous aime, cher Monsieur l'Abbé ! Chacun de nous sait maintenant ce qu'il vous doit pour les services rendus aux familles de nos chers morts, chacun de nous gardera dans son cœur la fidélité et l'amour de votre nom.

Je vous renouvelle l'hommage de ma gratitude, en y associant les Vosgiens, vos compatriotes, que nous ne séparons pas dans notre affection.

Henri Moulhiade.

Dijon, le 3 août 1918.

Monsieur le Curé,

Je ne crois pas qu'il me soit possible de me rendre, cette année, à votre invitation, et j'en éprouve du regret, mais je serai de cœur avec vous.

Je vous renouvelle toutes mes félicitations pour la tâche patriotique que vous avez entreprise et que vous menez si superbement. C'est avec des manifestations comme celles que vous organisez qu'on tient les cœurs hauts et qu'on tue le défaitisme que des agents de nos perfides ennemis voudraient semer dans notre belle France.

Avec mon plus excellent souvenir, veuillez agréer...

DUMONT,
maire de Dijon.

Lyon, le 26 août 1918.

M. Morisot, Président des Anciens du 99e d'infanterie, la Société et M. Bonnard envoient à M. Collé, curé de Ménil, au nom de toutes les familles lyonnaises, tous leurs regrets de ne pouvoir assister au quatrième anniversaire de nos vaillants soldats morts pour la France. S'unissent d'intention et de tout cœur à la si touchante et si imposante cérémonie qui se déroulera à Ménil, le 27 août.

E. MORISOT, F. BONNARD.

M. Abel FERRY, député de la circonscription

Paris, le 10 août 1918.

Monsieur le Curé,

Je ne pourrai, à mon grand regret, assister le 27 courant, à la cérémonie patriotique que vous organisez en souvenir de mes compagnons d'armes de la bataille de la Marne. Je serai en mission aux Armées pour la Commission de l'armée.

Recevez, Monsieur le Curé, mes meilleurs compliments.

Abel Ferry.

Sens, le 28 août 1918.

Cher Monsieur le Curé,

J'ai donc été privé du plaisir de vous voir, d'applaudir à votre œuvre patriotique et de vous apporter le merci de la Bourgogne, qui vous doit, pour ses enfants couchés là-bas, sa reconnaissance. Il m'eût été agréable de l'exprimer tout haut. C'est partie remise et si Dieu me prête vie, l'année prochaine je saurai me donner cette joie. Recevez mes sentiments reconnaissants et affectueux.

Em. Olivier,
Archiprêtre de Sens.

Cher Monsieur le Curé,

Je ne serai pas des vôtres, cette année, mais je m'associerai de grand cœur à la fête commémorative du 27 août.

Bien vôtre en Notre-Seigneur.

† A.-G., *Évêque de Saint-Dié.*

DRAPEAUX DES VILLES

Ville de *Dijon*. — Le 1ᵉʳ novembre 1917, M. le Maire de Dijon, assisté de M. le premier adjoint, faisait la remise solennelle du drapeau de sa ville à M. le Curé de Ménil, et en présence de toute la population réunie pour l'office de la Toussaint.

Voici en quels termes il s'exprimait :

MONSIEUR LE CURÉ,

La Ville de Dijon qui a inscrit sur l'emblème que nous vous offrons, la Croix de la Légion d'honneur, témoignage de son héroïsme en 1870, ne pouvait manquer de répondre à votre patriotique appel.

Nous nous sommes rappelés que bon nombre de nos enfants sont tombés sur ce terrible champ de bataille de la Chipotte, que vous glorifiez aujourd'hui, et nous avons voulu que sur les modestes tombes de ces héros, flottent, avec nos couleurs nationales, les armes de leur petite Patrie.

C'est aussi sous ces plis dans le sanctuaire du souvenir que vous avez édifié, Monsieur le Curé, que viendront s'incliner et prier les familles de tous nos héros gisant dans la fosse commune, ou dont les restes éparpillés par la mitraille n'auront jamais ni tombe, ni croix près desquels les pauvres parents en deuil pourraient venir prier.

En vous offrant ce souvenir, Monsieur le Curé, nous voulons nous recueillir pour écouter la grande voix de nos chers morts qui semble sortir de tant de tombes pour nous rappeler leur sacrifice à la Patrie, nous donner l'espérance et réclamer tous nos efforts pour la victoire finale et vengeresse.

La ville de *Briançon*, ne voulant pas rester en arrière, envoyait son superbe emblème que tous ont admiré le 27.

La ville de *Barcelonnette* remplaçait celui de sa paroisse et comme celui de Dijon et de Briançon, aux armes de la cité, c'est un superbe hommage des vivants aux morts.

M. Pellotier, adjoint au maire, l'annonçait comme suit :

Mairie de Barcelonnette, 31 octobre 1917.

Monsieur l'Abbé Alphonse Collé,
Curé de Ménil-sur-Belvitte (Vosges).

Monsieur,

Souscrivant de tout cœur à la très heureuse et patriotique initiative que vous avez eue d'exposer un trophée de drapeaux dans votre « Musée de la Bataille », j'ai eu le grand plaisir de donner lecture de votre lettre aux membres du Conseil municipal dans notre séance du 28 septembre.

Vos accents sont allés au cœur de tous, et c'est avec une vive émotion que cette lecture a été faite et entendue.

Aussi bien ne serez-vous point étonné que le Conseil ait accepté à l'unanimité et avec empressement d'offrir un drapeau pour commémorer la gloire de nos chers et vaillants enfants tombés au champ d'honneur pour la Patrie, pour la France. Ce drapeau sera confectionné par les soins dévoués du Comité des Dames de la Croix-Rouge de Barcelonnette.

En vous le confiant, nous savons qu'il sera bien gardé.

Je vous adresse, Monsieur le Curé, au nom du Conseil municipal, des familles en deuil, et de la population tout entière, tous nos remerciements et notre plus sympathique reconnaissance.

Veuillez agréer...

La ville de *Gap* travaille au sien. De même la ville de *Toulon*. Honneur aux villes des XIIIe et XIVe Corps !

Saint-Etienne, le 4 septembre 1918.

MONSIEUR LE CURÉ,

J'ai reçu votre aimable lettre et je vous remercie bien sincèrement des sentiments qu'elle exprime.

M. Mathieu, mon délégué, encore ému de la cérémonie si grandiose qui s'est déroulée sous ses yeux, m'a fait part de votre bienveillant accueil et des soins pieux que vous continuez à apporter dans l'entretien des tombes de nos soldats.

Au nom de la ville de Saint-Etienne, je vous en exprime ma bien vive reconnaissance.

Nous garderons un précieux souvenir de vos belles actions et je me ferai un devoir de les signaler aux familles des chers disparus qui, grâce à vous, pourront un jour avoir la suprême consolation de prier sur leur tombe.

Agréez, Monsieur le Curé, l'expression de mes sentiments les meilleurs et les plus distingués.

Le Maire de Saint-Etienne,

J. NEYRET.

AVIS

En 1919, la cérémonie du 5ᵉ anniversaire aura lieu le mardi 26 août, sauf avis contraire.

A. COLLÉ, *Curé.*

LYON. — IMP. EMMANUEL VITTE, RUE DE LA QUARANTAINE, 18

www.ingramcontent.com/pod-product-compliance
Lightning Source LLC
Chambersburg PA
CBHW060937050426
42453CB00009B/1047